PORTRAIT

DE
FEU MONSEIGNEUR

LE DAUPHIN,

PÈRE DU ROI.

PORTRAIT

DE
FEU MONSEIGNEUR

LE DAUPHIN,

PÈRE DU ROI.

Bonum virum facilè crederes, magnum libenter.　(*Corn. Tac.*)

A PARIS,

DE L'IMPRIMERIE DE P. DIDOT L'AINÉ,

IMPRIMEUR DU ROI ET DE LA CHAMBRE DES PAIRS,

M. DCCCXVI.

L'ÉDITEUR

A M. LE DUC DE LA VAUGUYON.

Monsieur le Duc,

Parmi les papiers de l'infortuné Du Rosoi, qui a péri victime de son dévouement, il s'est trouvé un ouvrage que j'ai précieusement conservé; il est intitulé Portrait de feu Monseigneur le Dauphin, et il vous a été attribué, il y a cinquante ans, sous le nom de Duc de Saint-Mégrin, que vous portiez alors; je viens vous prier de m'autoriser à le faire réimprimer aux approches du jour anniversaire de la mort de cet auguste Prince.

Je suis, etc.

Charles Du Rozoir.

RÉPONSE

DE M. LE DUC DE LA VAUGUYON.

Les malheurs de la Révolution, en m'enlevant entièrement tout ce que je possédois, ne m'ont pas laissé un exemplaire de l'ouvrage qui contient l'expression d'un sentiment bien profondément imprimé dans mon ame, et qui se prolongera jusqu'a mon dernier soupir.

Je consens avec sensibilité à la réimpression que vous me proposez; elle me procurera une double satisfaction bien précieuse à mon cœur; elle offrira dans le Portrait du Père du Roi les traits de notre immortel Régénérateur, et ceux de son auguste Famille.

Soyez bien persuadé, je vous prie, Monsieur, de la vérité de mes inviolables sentiments pour vous.

Le Duc de La Vauguyon.

A MONSEIGNEUR

LE DAUPHIN.*

MONSEIGNEUR,

Vous avez perdu un Père qui auroit été celui de la France. Les larmes que Vous avez répandues sont pour nous d'heureux

---

* Mᵍʳ le Duc de Berry, fils aîné de feu Mᵍʳ le Dauphin, devint immédiatement Dauphin de France à la mort de son père.

présages. Sensible comme Lui, Vous ne serez pas moins vertueux ; et le Portrait qui Vous est offert deviendra un jour le Vôtre.

PORTRAIT

DE
FEU MONSEIGNEUR
LE DAUPHIN.

~~~~~~~~~~~~~~~~~~~~~~~~

Depuis que la mort a trompé nos espérances ; depuis que nous avons vu rompre le fil précieux des jours de M. LE DAUPHIN, la douleur et l'amertume pénètrent tous les cœurs ; la consternation se peint sur tous les visages ; les uns s'écrient : Il étoit notre appui ; les autres : Il étoit notre espoir ; la perte qu'a faite l'État semble à tous une perte personnelle ; par-tout on lui prépare des éloges publics ; par-tout vont s'élever des monuments à ses vertus : pour moi, plein de son image, je veux le montrer aux autres tel que je l'ai vu, hélas ! et tel que je le regrette ; je ne serai pas
~~~~~~~~~~~~~~~~~~~~~~~~

éloquent, je serai simple : les hommes ordinaires ont besoin d'être loués; il suffit à M. le Dauphin d'être connu : ce n'est pas ici son Éloge, c'est son Portrait.

La France, épuisée par un règne également fécond en succès et en revers, incertaine de son sort pendant les agitations d'une régence orageuse, soumise enfin à un Roi ami de la paix et de l'humanité, soupiroit après la naissance d'un Prince qui pût un jour lui retracer les vertus qu'elle chérissoit : M. le Dauphin fut accordé à ses vœux le 4 Septembre 1729.

Avec ses premières idées, se développèrent les premiers germes d'une imagination sage, d'une sensibilité bienfaisante : mais il fit paroître en même temps un caractère impétueux, une ame fière, une sorte d'éloignement pour toute occupation sérieuse, défauts naturels à l'enfance d'un Prince, défauts qui disparurent avec elle. Il comprit que la véritable grandeur d'un Roi est moins fondée sur l'obéissance de ses Sujets que sur leur amour, et songea à éloigner de lui tout ce qui pouvoit l'éloigner lui-même du cœur des Peuples. Occupé uniquement des devoirs qu'il auroit un jour à remplir, il se consacra tout entier à la félicité publique, et y travailla déja en apprenant les moyens de la perpétuer. Dans un âge où le goût du plaisir éteint ou affoiblit tous les autres, avec une ame ouverte aux passions, il sut se faire un plan de travail relatif à ce qu'il devoit être, et, pour rendre utiles jusqu'à ses loisirs, il les employa à l'étude des belles-lettres et des arts. Mais il ne s'y adonnoit pas uniquement en amateur : il voyoit avec finesse, jugeoit avec discernement, proté-geoit avec sensibilité. Il l'étendoit à tout cette sensibilité si rare dans les hommes parcequ'ils ont des intérêts trop différents, presque inconnue dans les Princes parcequ'ils en ont de trop exclusifs. Dès qu'un malheureux lui offroit le spectacle atten-drissant de ses besoins, il songeoit à y pour-voir et savoit souvent les prévenir. Si on lui parloit d'ajouter un supplément à la pension qu'il recevoit du Roi : *Je donnerois le surplus*, disoit-il, *j'aime mieux qu'on le retranche sur les tailles.* On ne l'étonna jamais en lui proposant une action honnête : on l'attendrit toujours en la lui racontant; et ceux qui ont eu l'honneur de l'approcher ont été mille fois témoins de ces saillies de sentiment qui n'échappent qu'à des ames privilégiées, à des ames capables d'éprouver cette douce et vive émotion, source des plus précieuses vertus.

Attentif avec tout le monde, poli avec les uns, affable avec les autres, gai avec ceux-ci, sensible avec ceux-là, chacun ne voyoit en lui que les qualités qui pouvoient lui plaire, et il réunissoit toutes celles qui captivent les cœurs. Au milieu du tourbillon de la Cour, au sein des illusions, il charma tout ce qui l'environnoit, sans se laisser jamais entraîner ni séduire. Il n'aima pas les esclaves, il redouta les courtisans, il sut se choisir des amis; il étoit digne d'en avoir; il leur fit oublier qu'il étoit leur maître; il l'oublia lui-même, et sa confiance pour eux fut toujours la récompense de cette franchise proscrite par les Rois injustes, et quelquefois odieuse aux meilleurs Rois. Mais il ne se livra jamais aveuglément; et ceux qui ont joui de cette intimité qui fera désormais le malheur de leur vie, l'ont toujours vu ferme dans ses opinions et dans ses principes, tant qu'il les a crus raisonnables et justes, suivre avec constance le parti qu'il avoit pris avec réflexion, et marcher toujours vers le but qu'il s'étoit proposé.

Bien convaincu de la sublimité de la Religion et du besoin qu'en ont les Rois et les Peuples, il la pratiquoit avec exactitude et la soutenoit avec force : mais également incapable de s'abandonner aux préventions dont le fanatisme accable les esprits foibles, ou de se permettre les pratiques minutieuses qu'il suggère aux esprits bornés, il n'envisageoit le Christianisme que sous les grands points de vue qu'il présente. Il n'accordoit sa protection aux Ministres de l'Église que parcequ'il voyoit en eux, disoit-il, *des Ministres de Charité, occupés tour-à-tour à nous consoler de nos maux et à nous guérir de nos foiblesses.* Fait pour être un jour l'image de Dieu, il le prenoit pour son modèle. Dans l'usage que l'Être Suprême fait de sa puissance pour le bonheur des hommes, il apercevoit celui qu'un Roi doit faire de la sienne pour le bonheur de ses Sujets. Le spectacle de l'Univers, qui n'est qu'imposant pour les autres, étoit pour lui un spectacle utile. C'est là qu'il se formoit à cette sagesse d'où résultent l'ordre et l'harmonie générale, à cette libéralité qui multiplie par-tout les sources de l'abondance, à toutes ces vertus qui auroient fait sa gloire et notre bonheur (1).

Un Prince aussi grand, aussi aimable, devoit être uni à une Épouse digne de lui : le

---

(1) Cette idée est tirée d'un Manuscrit de la propre main de M. le Dauphin.

Roi choisit l'Infante d'Espagne, et M. le Dauphin trouva dans cette Princesse toutes les graces de l'esprit, tous les charmes du caractère; aussi conçut-il pour elle la passion la plus vive, que le devoir rendoit encore plus délicieuse en la rendant légitime. Une mort prématurée l'enleva à sa tendresse : s'il n'avoit été retenu par ses principes, il auroit suivi dans le tombeau cette Épouse chérie. Sa douleur fut amère; la vie lui devint odieuse, la perspective d'une Couronne, indifférente : cependant la nécessité de donner des rejetons au Trône le força bientôt à une nouvelle alliance. Il fallut cette nécessité pour l'y déterminer; il fallut Madame la Dauphine et toutes ses vertus pour dissiper, par l'attachement le plus vif et le plus juste, une première passion qu'il ne se rappela qu'à l'instant de sa mort, pour donner à celle qui la lui avoit inspirée une dernière marque publique de sa tendresse(1).

---

(1) M. le Dauphin, dans le Testament qui contient

Les vœux que la France formoit pour l'accroissement d'une famille dont elle tient depuis si long-temps son bonheur furent exaucés : la naissance de M. le Duc de Bourgogne causa à M. le Dauphin la joie la plus vive ; tous les François la partagèrent ; c'étoit un Fils qui naissoit à M. le Dauphin, c'étoit un Père qui naissoit à la France. Les premiers progrès de M. le Duc de Bourgogne étonnèrent tous ceux qui en furent les témoins ; la pénétration de son esprit, l'élévation de ses sentiments annonçoit déja un grand homme : une maladie longue développa encore plus ses rares qualités ; les suites de cette maladie cruelle l'enlevèrent à la France, et à neuf ans il mourut en Héros (1). La douleur de M. le Dauphin fut propor-

ses dernières dispositions, desire que son cœur soit placé à Saint-Denys auprès de ce qu'il y a de plus cher.

(1) Cet éloge donné à un enfant paroîtra peut-être exagéré ; mais tous ceux qui ont eu l'honneur de l'approcher le confirmeront.

tionnée à la perte qu'il faisoit; rien n'a été capable de la diminuer: cet événement funeste a répandu l'amertume sur sa vie, et peut-être lui a-t-il porté le premier coup mortel.

Après avoir perdu M. le Duc de Bourgogne, M. le Dauphin tourna toute son affection vers M. le Duc de Berry et les Princes ses frères. Il partagea son temps entre les soins qu'il donna à l'éducation de ses Enfants et ses travaux particuliers. Tantôt il veut imprimer dans leurs jeunes cœurs les grandes vérités de la Religion et de la Morale: il leur apprend que les Rois ont au-dessus d'eux un Juge à qui ils doivent compte de tous les instants qu'ils n'auront pas consacrés au bonheur de leur Peuple; que tous les hommes sont égaux aux yeux de la Divinité; que le rang les élève, que la vertu seule les distingue. Il veut les conduire lui-même dans la chaumière du laboureur, comme à la véritable École des Rois. Le jour où l'on célèbre les cérémonies de leur baptême, il fait apporter au milieu du temple le registre où est inscrit le nom de tous les enfants nouvellement baptisés, leur montre que le leur est immédiatement précédé par celui du fils d'un artisan, et leur fait connoître par cette leçon admirable les premiers droits de l'humanité. Tantôt occupé lui-même de sa haute destination, il se confirme dans ses principes de religion, de bienfaisance, de fermeté, et rassemble toutes les lumières qui peuvent un jour l'éclairer sur le Trône. Mais, modeste et simple, au-dessus des éloges qu'on pourroit lui donner et des hommages qu'on pourroit lui rendre, il ne se fait connoître qu'à son père; il ne découvre ses vues qu'au Conseil; il est trop grand pour s'en applaudir si on les suit, pour s'en plaindre si on ne les suit pas : il n'a pas seulement les qualités d'un grand Roi, il a encore les vertus d'un Dauphin. Peu sensible à sa propre grandeur, il cache volontiers tout ce qu'il est, et ne veut se montrer que soumis et respectueux; mais, lorsque les circonstances le forcent à faire paroître sa grande ame, il la développe toute entière. On l'a vu, dans des temps de trouble et de consternation, pressé d'inquiétude pour des jours précieux à son cœur, mépriser le péril qui menaçoit les siens (1), donner au plus chéri des pères des témoignages multipliés de sa tendresse, d'entre ses bras courir au pied des autels, de là voler au Conseil, s'y expliquer avec force, étonner les uns par sa prudence, soutenir les autres par sa fermeté. On l'a vu à Fontenoy rassembler les troupes dispersées, vouloir se précipiter sur l'ennemi, se plaindre du zèle qui lui épargne des dangers. Intimement persuadé qu'un Roi doit être prodigue de son sang et avare de celui de ses sujets (2), on l'auroit vu pendant la dernière guerre soutenir, à la tête de nos armées, l'honneur et la gloire du nom François (3), si la ten-

---

(1) En janvier 1757.

(2) Cette idée est tirée d'un Manuscrit de la propre main de M. le Dauphin.

(3) Pendant la dernière guerre, M. le Dauphin

dresse du Père ne s'étoit pas opposée aux principes et à la valeur du Fils. Ne pouvant pas signaler son courage, et voulant au moins donner l'exemple du zèle et de la subordination, on l'a vu à Compiégne (1) inspirer au Soldat la confiance, et gagner tous les cœurs par cette affabilité, cette générosité, cette bienfaisance dont le souvenir ne s'effacera jamais; souvenir tout à-la-fois doux et cruel, qui, en nous retraçant des vertus précieuses, nous rappelle la première époque de notre malheur.

Depuis long-temps M. le Dauphin étoit consumé par des maux qu'il paroissoit se cacher à lui-même, pour les cacher aux autres. Cependant la France, qui en prévoyoit les suites avec effroi, sembloit dépérir avec lui. Lui seul, tranquille et serein au milieu

écrivit au Roi pour lui demander la permission d'aller se mettre à la tête de nos armées.

(1) Au camp de Compiégne, en juillet 1765.

de la consternation générale, n'étoit occupé qu'à éloigner de tous les cœurs l'inquiétude qu'il ne laissoit pas approcher du sien. Le progrès du mal fait évanouir enfin ses espérances et les nôtres. La perspective d'un Trône ne l'avoit pas ébloui : la perspective de la mort ne l'intimide pas. Il se rappelle ce qu'il doit à Dieu, ce qu'il doit à la France, ce qu'il doit à sa Famille. Il remplit tous ses devoirs, sans se laisser troubler par les larmes et les sanglots de ceux qui l'entourent. Il apprend aux uns à reconnoître, à respecter la Religion; aux autres, à la distinguer des pratiques qui la dégradent. Il répand dans le sein de son Père cette ame si remplie de l'amour des Peuples, cette ame si sublime, si sensible: ce Père tendre la connoissoit déja, il connoissoit toutes ses vertus, et la douleur amère dont il est pénétré nous prouve bien qu'il en sentoit le prix. Jusque dans son tombeau, il veut ménager les intérêts de la France; elle avoit béni sa

générosité pendant sa vie, il lui fait bé-
nir sa modération après sa mort (1). Sa sensibilité semble s'accroître avec les douleurs,
et se répand sur tout ce qui l'environne. Si
on lui parle des vœux de la Nation : *Pour-
quoi des vœux si ardents?* s'écrie-t-il, *je ne
lui ai pas encore été utile;* puis il étend ses
bras vers le Ciel, et fait à son tour des vœux
pour elle. S'il se rappelle un accident malheureux qui a fait le tourment de sa vie,
c'est pour prier le Roi de tenir lieu de père
à celui qu'il en a privé (2). S'il fait appeler
autour de lui ses amis, s'ils fondent en larmes et tombent à ses pieds, il s'attendrit

---

(1) M. le Dauphin, dans son Testament, témoigne
le desir d'être enterré sans frais et sans cérémonies.

(2) M. le Dauphin, étant un jour à la chasse, blessa
mortellement M. de Chambort, qui s'étoit exposé avec
imprudence. Il ne s'est jamais consolé de cet accident, et il renonça dès-lors à un amusement pour
lequel il avoit du goût; il a toujours pris soin du fils
de M. de Chambort, et l'a recommandé au Roi avant
que de mourir.

sur leur état, sans paroître affecté du sien. Si l'Évêque de Verdun rassemble toute sa force pour lui parler en ces derniers instants : *Il a bien du courage*, s'écrie-t-il (1). Si madame la Dauphine lui continue ces soins tendres qui doivent nous la rendre aussi précieuse que ses vertus nous la rendent respectable; si Madame se joint à elle, il leur saisit la main avec affection, détache lui-même deux boucles de ses cheveux, les leur remet, et dit à l'une : *N'oubliez pas un Époux à qui vous fûtes chère*; à l'autre : *Souvenez-vous d'un Frère que vous aimiez.* Si on lui enlève madame la Dauphine, il prévoit sa douleur, il s'informe si elle a pu pleurer. Ne pouvant plus voir la Mère, il

---

(1) M. l'Évêque de Verdun étoit un de ceux pour qui M. le Dauphin avoit le plus de bonté, et sur l'amitié duquel il comptoit le plus. Après que ce Prélat lui eut parlé dans ce cruel moment, le Médecin ordinaire de M. le Dauphin s'approcha de son lit pour lui tâter le pouls : M. le Dauphin lui dit : *Tâtez-le plutôt à l'Évêque.*

voudroit voir les Enfants; il ne sauroit pren-
dre sur lui de les faire venir; il appelle le
Duc de La Vauguyon, et, pour dernière marque de bonté, le charge de ses instructions
pour eux (1). Cependant le mal s'accroît,
la foiblesse augmente, les douleurs redou-
blent, il expire enfin, et, en expirant, la
sérénité qui éclate encore sur son front
semble dissiper les ombres même de la mort,
et nous apprendre à l'envisager sans effroi.

Il est mort, et nos larmes ne cesseront de
couler. Nous les mêlerons à celles d'un Père
que l'excès de son affliction nous rend encore plus cher; à celles d'une Mère dont la
pieuse résignation n'affoiblit pas les tendres regrets; à celles d'une Epouse dont la

---

(1) Voyez la Gazette de France, 1766, N° 2.

Note de l'auteur ajoutée à l'édition nouvelle. — C'étoit mon père. — Il fut, j'ose le dire, l'intime ami de cet auguste Prince pendant vingt-cinq ans et jusqu'à son dernier soupir. — C'est ma seule réponse aux détracteurs de sa mémoire.

sensibilité fait encore plus admirer le courage; à celles de ces Sœurs augustes à qui le Ciel a ravi, avec le meilleur des Frères, le meilleur des Amis : nous les mêlerons surtout à celles de ces Enfants précieux qui dans l'âge le plus tendre ont senti toute l'étendue de leur perte. Hélas! nous avons perdu comme eux un Père, un Modèle; nos Voisins, nos Ennemis nous disputent la gloire de le pleurer : *Un Grand Homme,* s'écrient-ils, *est de toutes les Nations* (1). Que ne puis-je, digne organe de leurs sentiments, digne Historien du Prince qui les a inspirés, éterniser nos regrets et ses vertus ! Ce sera du

---

(1) **M.** le Docteur Maty écrivoit de Londres à M. le Duc de Nivernois, le 31 décembre 1765.... « Permet-
« tez, M. le Duc, à un Étranger que vos bontés ont
« en quelque sorte naturalisé, de mêler ses larmes
« aux vôtres et à celles de toute la France. Germa-
« nicus, pleuré des Romains, le fut également des
« voisins, des ennemis même de leur Empire : si M. le
« Dauphin jette encore les yeux sur la terre, il n'y
« voit que des cœurs françois. »

du moins une consolation pour moi d'avoir été des premiers à jeter quelques fleurs sur son Tombeau et à rendre un hommage public à sa Mémoire.